**Ausgabe nach der neuen Rechtschreibung**

Die Deutsche Bibliothek – CIP-Einheitsaufnahme

**Hummel, Lore:** Im Osterhasenland /
Text u. Bilder Lore Hummel. –
Waldkirchen : Dessart, 1987
ISBN 3-89050-373-X

# Im Osterhasenland

Text und Bilder
von Lore Hummel

Engelbert Dessart Verlag · München

Wisst ihr, wo das Osterhasenland liegt? Natürlich nicht, keiner weiß das genau. Unser Kaninchen sagt zwar, im Wald gäbe es eine Höhle, vor der ein großer Stein liegt. Man müsse den Stein nur wegrollen und durch die Höhle kriechen, um ins Osterhasenland zu kommen. Nun, Kaninchen müssten das ja wissen. Aber ich kann euch sagen, dass die Häuser dort wie große Eier aussehen, winzige Fenster und kleine Türen haben und Dächer aus Moos.
Auch im Osterhasenland müssen die Hasenkinder zur Schule gehen.

Der Lehrer ist ein freundlicher, kluger Hase, der die Kleinen alles lehrt, was sie wissen müssen. Eines Tages erklärte er ihnen, dass die Eier, die die Hasen zu Ostern bemalen, von den Hennen gelegt werden.

„Die Eier, die wir legen, sind aber viel besser!", rief Hans Wackelohr.

Fritz Seidenpelz, der neben ihm saß, nickte zustimmend, während Trixi Wackelohr, zu Hause nur Stupsnäschen genannt, dauernd herumzappelte. „Sitz still", ermahnte sie der Lehrer, „der Unterricht ist sowieso gleich zu Ende."

Im Garten hinterm Haus malte Vater Wackelohr zusammen mit seinen älteren Kindern Fipsi und Tommi die Eier für das Osterfest.
Fast den ganzen Vormittag hatte Fipsi mit Pinsel und Farben geschuftet, bis er Farbflecken auf der Hose und Schmerzen in der Pfote hatte. Plötzlich warf er den Pinsel ins Gras und rief: „Blödsinn! Ich mag nicht mehr!“, und rannte in den Wald.
„Ich hab es ja gleich gewusst, dass Fipsi sich wieder einmal vor der Arbeit drückt!“, maulte Tommi, aber Vater sagte: „Lass ihn, er war doch wirklich fleißig.“

Fipsi lief in den Wald hinein, ohne nach rechts und nach links zu schauen, denn er kannte jeden Weg und Steg. Auf einer Waldlichtung hing zwischen zwei Bäumen eine Hängematte. Fipsi kletterte sogleich hinein, rieb noch ein wenig seine schmerzende Pfote und schlief ein. Zwei Käfer kamen vorbei. „Schau den an, er schläft am hellichten Tag und noch dazu vor Ostern!", rief der eine Käfer. „Das geht uns nichts an", sagte der andere, und sie setzten ihren Weg fort.

Gegen Abend wachte Fipsi auf. Er rieb sich die Augen, und dann fiel ihm ein, dass er von der Arbeit weggelaufen war, und er dachte: „Wenn ich schnell ein paar Eier lege und mit heimbringe, wird der Vater nicht böse sein.“ – Also hockte er sich ins Gras und legte.
Da kam ein kleiner Junge, packte das Häslein an den Ohren und hob es hoch. Vor Schreck verlor Fipsi noch ein Ei. „Danke, Osterhäslein“, sagte der Junge, nahm die Eier und steckte sie in seine Tasche. Fipsi flitzte davon wie der Blitz.

Als er endlich heimkam, saßen schon alle beim Abendessen, nur Stupsnäschen kroch wieder einmal unter dem Tisch herum, und Hans Wackelohr trieb allerlei Unsinn. Die Lampe verbreitete einen gemütlichen Schein. Draußen war es zwar noch hell, aber wie gesagt, die Fenster in den Eierhäuschen sind winzig und lassen nur wenig Licht herein.
Fipsi setzte sich neben die Mutter. Er erzählte stockend, dass ihn ein Junge an den Ohren hochgehoben und er vor Schrecken noch ein Ei habe fallen lassen. Darüber mussten alle so herzlich lachen, dass Fipsi am Ende mitlachte.

7

Nach dem Essen rief der Vater: „Kommt, wir wollen noch ein wenig im Garten spielen!" Die Mutter nahm Stupsnäschen, dem schon die Augen zufielen, auf den Arm und sagte: „Ich bringe zuerst die Kleinen zu Bett."

Das Bett der Häschen war ein großer Korb mit vielen weichen Kissen. Hans Wackelohr sprang sogleich hinein, kuschelte sich in die Kissen und war auch schon eingeschlafen. Stupsnäschen wurde im Bett wieder munter und wollte unbedingt noch herumtollen, doch die Mutter sagte: „Schluss jetzt!", und deckte die beiden zu. Fipsi half ihr dabei. Dann lief er hinaus in den Garten.

Der Vater rief: „Da bist du ja endlich." Er hob Fipsi hoch, warf ihn in die Luft und fing ihn wieder auf. Das gefiel dem Häschen so gut, dass es lachte und quietschte vor Vergnügen und immer wieder „Noch einmal!" rief.
Tommi drehte sich wie ein Brummkreisel um sich selbst und hüpfte herum, als wäre er ein Geißbock. Aber – nanu – da machte ja noch ein drittes Häslein Kopfstand im Gras, und Familie Wackelohr hatte doch nur vier Kinder, zwei lagen im Bett und zwei spielten im Garten.
Ganz einfach: Das dritte Häslein wohnt nebenan und hat keine Geschwister, darum spielt es jeden Tag mit den Wackelohrkindern.

Am Abend vor Ostern ging es im Osterhasenland geschäftig zu. Man hatte alle Pfoten voll zu tun, um die vielen bunten Eier in Körbe zu verteilen. Sie sahen hübsch aus, aber Vater Wackelohrs großes Ei war doch das schönste von allen. Mutter trug es vorsichtig zu einem kleinen Karren, und Stupsnäschen wollte wissen, wer es denn bekommen würde. „Ich habe es für die kleine kranke Margit gemalt", sagte der Vater. „Vielleicht wird Margit wieder gesund vor Freude, wenn sie das Ei sieht", meinte Tommi. Alle anderen hofften das auch.

2

Als Stupsnäschen sah, wie viel noch zu tun war, wollte es auch mithelfen. Es nahm einen vollen Korb und schleppte ihn mit viel Mühe. Aber er war zu schwer für das Häslein und fiel ihm aus den Pfoten. Ein ungekochtes Ei, das versehentlich in den Korb geraten war, zersprang. Ein Küken schlüpfte heraus. Stupsnäschen fing an, laut zu schreien vor Schreck. Die Geschwister kamen gelaufen, doch als sie das Küken sahen, lachten sie. Stupsnäschen durfte es streicheln, und alles war wieder gut.

Am Ostermorgen müssen alle Hasen im Osterhasenland schon um vier Uhr morgens aufstehen. Auch Familie Wackelohr musste das. Zettel mit den Namen und Adressen der Kinder, die beschenkt werden sollten, wurden verteilt. Ich fahr mit dem Roller!", rief Fipsi. „Niemand kann verlangen, dass ich laufe, dazu habe ich keine Zeit!"
„Wie ich dich kenne, hast du nie Zeit, und außerdem bist du ein ganz großer Faulpelz", meinte Tommi und machte sich auf den Weg.
„Wer darf das große Ei zu Margit bringen?", wollte Hans Wackelohr wissen. „Papa macht das", sagte die Mutter.

Als Letzter holte Vater Wackelohr den kleinen Karren, in dem sein herrliches, großes Osterei auf weichem Moos stand. Mutter hatte noch eine Schleife darum gebunden. Der Hasenvater verabschiedete sich, denn Mutter blieb mit den beiden Kleinen zu Hause.
Der Osterhase brauchte viel Kraft, um den Karren anzuschieben, doch als die Räder endlich rollten, ging's ganz leicht. Stupsnäschen stand am Zaun und winkte: „Bestimmt wird Margit wieder gesund!", rief es. „Bestimmt", sagte der Vater. Da begannen die Osterglocken zu läuten.